Dieter Leibold

# Horizonte

www.tredition.de

© 2019 Dieter Leibold
Illustration: Kalligraphie Studio Elisabeth Schiffhauer

Verlag und Druck: tredition GmbH, Hamburg

ISBN
Paperback:      978-3-7482-4659-6
Hardcover:      978-3-7482-4660-2
e-Book:         978-3-7482-4661-9

Dieter Leibold

# Lyrik zum Anfassen

Autor:  Dieter Leibold, 1954 geboren,

handwerklich begabt,

Schreiben schien undenkbar.

Im Ruhestand fing er an, Verse zu schreiben.

Der Gedichtband soll ermutigen, es einfach zu tun, auch wenn es unmöglich erscheint.

Weil es Spaß macht!

Für Annemarie

Also los, weiter geht's!

Neuer Tag, neues Glück!

# Inhalt

## Das Leben ist lebenswert

Federn lassen
und
dennoch schweben
das ist das
Geheimnis
des Lebens

Hilde Domin

# Glücklich

Glücklich, in dieser Zeit
in diesem Land zu leben.

Glücklich, alles zu haben,
kann auch Anderen etwas geben.

Glücklich, ohne Leid zu leben,
nicht an gemachten Problemen zu kleben.

Glücklich, zu lieben
und geliebt zu werden.
Hab den größten Schatz auf Erden.

Glücklich, kleine Wunder sehen.
Frei auf jeden Gipfel gehen.
Tun und lassen was ich will,
genieße das Leben, still.

Glücklich erkennen,
ich müsste mich schämen,
mich nicht glücklich zu nennen.

## Augenblicke

Auserwählt
ans Ziel gequält
Hauptgewinn
Ball ist drin
Bestanden, ohne Trick.

Glücklicher
Augenblick

An mich gedrückt
verliebt, verrückt
streichelnde Hand
der Haare Duft, so bekannt
sanfter Kuss ins Genick.

Liebevoller
Augenblick

Für den einen das Kotelett
für den Anderen Kaffee im Bett
ein Dinner für zwei bei Kerzenlicht
Sonntagsbraten, mein Leibgericht
Sahnetorte dick.

Genussvoller
Augenblick.

# Respekt

Wie du mich als Mensch beachtest

Wie du die Welt betrachtest

Wie du mir deine Hände reichst

Wie du dich nie mit mir vergleichst

Wie du in mir die Achtung weckst

Wie du in jedem von uns steckst

Wie du mein Tun erfüllst mit Wert

In deiner Nähe lebt sich's unbeschwert.

# Langsamkeit

Bleib stehen
verweile
verharre
sei bereit
für die Langsamkeit.

Der andere Blick
im neuen Licht
das "Umdichrum"
zu dir spricht.

Dann kommt er schon,
der Langsamkeit Lohn.
Wenn sich Wunder zeigen.

Von der inneren Ruhe
ganz zu schweigen.

## Vierblättriges Kleeblatt

Man findet ein vierblättriges Kleeblatt nur,
wenn man danach sucht.

Und wenn man es gefunden hat,
muss man es behüten.

Es zwischen den schönsten Buchseiten des
Lebens aufbewahren.

Auch wenn es unansehnlich,
alt und welk geworden ist,

so bleibt es doch,
ein vierblättriges Kleeblatt.

## Glücklichsein

Kein Frust,
sondern Lebenslust.

Kein Schmerz,
sondern gesunde Seele,
gesundes Herz.

Keine Einsamkeit,
sondern Menschen mit viel Zeit.

Kein schlechtes Gewissen,
sondern Mut zum Kämpfen,
ganz verbissen.

Von Zeit zu Zeit,
Hemmungslosigkeit.

## Leben

An manchen Tagen
hör ich wie das Kind in mir lacht.

An manchen Tagen
kommt die Erinnerung die traurig macht.

Und dann wieder
lebe ich glücklich und zufrieden
in Oberhessen.

Ein Andermal
habe ich meine Träume vergessen.

Dann erinnere ich mich
danach zu streben,
die Zeit die mir verbleibt
mein Leben zu leben.

## Glück

Mancher wünscht dir Glück.
Du sitzt hinterm Ofen
und erhoffst dir ein großes Stück.

Ein wahrer Freund zu dir spricht:
„So funktioniert Glück nicht".

Das Wichtigste auf dem Weg zum Glück,
ist der positive Blick.

Belebe all deine Sinne
und erfreu dich kleiner Dinge.

Gehe raus in die Natur,
verschiebe keine Tour.

Auch wenn der Weg beschwerlich ist,
besteige deinen persönlichen Mount Everest
und auf dem Gipfel feiert das Glück ein Fest.

## Spiegelbild

Faltig und grau, alter Mann,

Tränensäcke, lichtes Haar,

so glotzt mein Gegenüber Jahr für Jahr.


Eines Morgens mein Spiegelbild spricht:

"Warum gehst du so hart ins Gericht?

Gefällt dir dein Angesicht nicht?

Hat es nicht glückliche Zeiten erlebt?

Geküsst, geliebt, über Wolken ge-
schwebt?

Gesorgt, geplant und Mut gemacht?

Mit den Kindern um die Wette gelacht?

Tausend Sonnenuntergänge gesehen!

Tausend Wunder sind geschehen!"

Ich nicke verhalten.

Mein Spiegelbild grinst

und ein Lächeln glättet die Falten.

# Die Liebe

Wo es
LIEBE
regnet
wünscht
sich keiner
einen
SCHIRM

aus Dänemark

## Hochzeitsgedicht

Der 15. April
heut ist es soweit
für "Ja ich will"

will nach dir gucken
will dich mal drucken
auch mal küssen
auch mal schubsen müssen
will dir gut sein
will auf der Hut sein
will es pflegen, will es hüten
unsre Liebesmühen
wie's immer so war
hab dich so gern
ja, ich lieb dich sogar

## Die Liebe geht durch den Garten

Mein Schatz, meine Rose,
du liebst mich nicht mehr.
Ich spüre ganz deutlich,
da ist noch wer.

Ihr Blick fängt mich liebevoll ein.
"All meine Gedanken, Liebster,
sind bei dir allein."

Doch im Glanze ihrer Pupillen
da kann ich's sehn,
sie sieht hinten im Garten
Bobby James stehn.
Alfred Carrie dort neben Amadeus steht
und Leonardo da Vinci, im selben Beet.
Und nicht die letzte im Bunde,
Ghislaine de Feligonde.

All die Rambler und Raubritter
haben ihr Herz betört.
Jeden Tag ein Rendezvous.
Jeden Tag ein Date.

Sie nimmt ihre Rosenschere
...und geht.

## Besinnen

Ein Herr und eine Dame
sitzen Stirn an Stirn
und sinnieren still.

Wo ist die Liebe hin?

Wer hat Sie uns genommen?
Wo ist Sie hingekommen?

War immer hier,
flüstert die Liebe.
War niemals fort,
immer am selben Ort.
Unbeachtet,
habe ich hier geschmachtet.

Ein Herr küsst eine Dame,
mitten auf die Stirn.
Die Liebe leuchtet auf
und flackert dünn wie Zwirn.

## Du & Ich

Wie Schloss und Schlüssel
Nadel und Faden
Blumen und Garten
Lippen und Kuss
Du und Ich
Wir passen zusammen
Von Anfang bis Schluss.

## Die Liab

Ich konn dich good gelied.
Ich honn dich wallich gern.
Un wenn ich Owend's schloffe geh,
traum ich vo dir, soo schee.
Un wern ich moijens nawe dir wach,
häppt mer's Hatz de ganze Daach.

# Heiraten

Die Auswahl ist groß
wen nehm ich bloß?
Nehm ich den Großen?
Nehm ich den Kleinen?


Das sieht nichts aus
mit den kurzen Beinen.
Oder den? Mit dem schnellen Wagen!
Könnt ja mal fragen…
Soll ich es wagen?


Oder den da drüben
mit dem schicken Dress,
bewegt sich so vornehm,
so Noblesse.
Aber würde der
bügeln, waschen, kochen?
Oder käm' er da
winselnd angekrochen.

Und kuscheln, Sex und Liebesstunden
geht auch nicht gut
mit 'nem Überrunden.
Tanzen muss er können
und sportlich muss er sein.


Oder lieber doch nicht.
Die wollen immer rennen,
fällt mit gerade ein.


Ich weiß jetzt, wen ich nehm
es sollte schon praktisch sein,
da ist was dran.
Ich nehm den Gärtner.
Guter Mann!

# Herzenssache

Mein Herz von Geburt an schafft,
pumpt Lebenssaft mit aller Kraft.

Mein Herz sprach:
"Hast du mal Zeit?"

Zum Verweilen war
ich nicht bereit.

Ich Ignorant.
Herzenssache - unbekannt.

Mein Herz fand das: "Unerhört!"
und schaltete auf "Gestört"

Mit dem OP-Besteck,
wurde geflickt das Leck.

Nun habe ich mein Herz verschenkt,
mein Schatz
jetzt meine Herzenssache lenkt.

## Geben und nehmen

Ich bring dir die Liebe,
tut mir so gut.

Ich bin dir ein Geben,
ist mir genehm.

Mache dich reich,
macht mich nicht arm.

Mir zum Verzück,
bin ich dein Glück.

# Ich brauch dich ja so.......

Ich brauch dich,
so oft und fast immer,
brauch dich ganz still.
Und zum Draufhalten brauche ich deinen
Finger,
wenn eine Schleife gebunden werden will.

Und wenn ich Bilder aufhängen muss,
dann brauch ich dich bis zum Schluss.
Zum Halten und gucken, ob alles grad
und ich brauch deine Meinung und deinen
Rat.

Und findest du die neue Hose schick?
Und wenn ich vom Frisör wieder zurück,
dann brauch ich deinen urteilenden Blick.

Ich brauch dich zum Verwöhnen,
brauch dich zum Versöhnen,
brauch dich zum Bekochen
und brauch dein Lob ausgesprochen.

Ich brauche dich halt
und wenn du nicht da bist,
dann brauche ich dich bald.

Ich brauch dich auch zum Küssen
und zum in die Arme nehmen müssen,
brauch ich dich auch.

Ich brauche dich halt,
ist nicht übertrieben.
Weil wir uns lieben.

# Liebes Trilogie

## Liebesgedanken

Ich denke so für mich hin,
da denke ich,
was denk ich denn?

Da sehe ich
ich denk an dich.

## Liebeslied

Eine Melodie kommt angeflogen,
erfasst mein Herz mit bunten Noten,
trägt mich fort auf sanften Wogen.

Da spüre ich,
du schickst ein Liebeslied für mich.

## Liebesgefühle

Ein Gefühl wie Vogelgezwitscher,
im Regenbogen Lichterglitzer.
Wie ein Halm wiegend im Wind,
federleicht und beschwingt.
Wie von der Welt geküsst

Wenn das nicht Liebe ist.

## Kuschelmulde

In meinen Armen,
an mich gepresst.
Was ich liebe halt ich fest.
Haut an Haut, Schmusestunde,
versunken, in der Kuschelmulde.
Füße füßeln, küssen sich.
Hände streicheln, fühlen dich.
Gefühle warm wie Bernstein,
dein Schatz, der will ich gern sein.

## Wollen

Sonne, Wolken, Sterne,
erzählen unsre Träume gerne,
wollen uns wollen,
müssen nicht müssen,
müssen küssen,
uns, dich, wir,
Liebe ist so schön mit dir.

## Die Liebe

Die Maus macht's, die Laus macht's,
der Fuchs sagt's, die Gans macht's.
Der Elefant
macht's ganz galant.
Vom Uhu hab ich's nicht gehört.
Der Frosch sich daran gar nicht stört.
Hugo, der Schneckerich,
jetzt toll gereimt, macht's ganz verschleimt.
Ameisen machen's auch beim Schaffen.
Giraffen machen's nicht, die gaffen.
Das Nilpferd mit dem dicken Bauch
wenn es wollte, könnt es auch.
Nur einer macht es nicht,
das Steckenpferd,
das hat Gicht.

# Geburtstagswünsche

Es kommt nicht darauf an, dem Leben mehr Jahre zu geben, sondern den Jahren mehr Leben

Alexis Carrel

# Geburtstagskind

Du hast Geburtstag, wurde mir gesagt.
Da habe ich mich aufgemacht,
es war fast noch Nacht,
zur guten Fee im Zauberwald,
dort bei den Uhuklippen
die Erfüllung dreier Wünsche zu erbitten.
Drei Wünsche hat sie für Dich gewährt,
aber mit Auflagen, hat sie mir erklärt.
1. Gesundheit
Du sollst jeden Tag 1000 Schritte laufen,
kein Alkohol, aber literweise Wasser saufen,
Zeit finden zum Verschnaufen.
2. Glück
Du sollst dir jeden Tag
Anerkennung und Zuneigung geben,
im Einklang mit Dir selber leben
und nicht an negativen Menschen kleben.
3. Erfolg
Du sollst jeden Tag fest glauben,
etwas erreichen zu können,
immer deine Ziele benennen,
nicht dummen Menschen hinterherrennen.

Mit schelmischem Blick hat
mich die Fee entlassen,
mit drei Wünschen im Sack,
ich kann's kaum fassen.

## Weil du einzigartig bist

Der Urknall, nur für dich,
ohne Urknall gäb's dich nicht.
Sterne barsten zu Staub im All,
du bist aus demselben Material.

Und wäre nicht das Sonnenlicht,
dann wärst du nicht.
Und Newton mit der Gravitation,
wo wären Mond und Erde schon?

Auf dem Weg zu deinem Leben
musste es auch Katastrophen geben.
Ein Meteor die Säuger unterstützte
und die Saurier von der Erde stürzte.

Dann kam dein Ahn aus Afrika,
das war der Homo Sapia.
Nach Norden auf den Weg gemacht,
alle Völker daraus erwacht.

Nach langer, langer Zeit
war's dann soweit.
Dein Vater fand deiner Mutter Glück
und du bist Ihr bestes Stück.

Dass alles nur geschehen ist
weil du einzigartig bist.

## Lieben Gruß

Die Zeit ist schrill und laut
und man muss sich stets beeilen.

Ich wünsche dir den Sinn zum Verweilen.

Gestern war Stress
und hab' ich morgen noch Freud?

Ich wünsch dir zu leben, im Jetzt und Heut.

Und ist die Welt mal unfair
und eklig zu dir?

Dann gibt's da noch Papa,
ratzfatz ist er hier!

## Geburtstag

Ah, du hast Geburtstag heut!
Mit was mach ich dir da 'ne Freud?

Im Land wo Milch und Honig fließt,
wo man Glück und Freiheit genießt.

Schau dich um und stelle fest,
du lebst in einem goldenen Nest.

Demut und Zufriedenheit,
das wünsche ich dir heut.

Will dir die Erkenntnis geben
zur richtigen Zeit
im richtigen Land zu leben.

## i Tüpfelchen

Vor langer Zeit
blickte der Schöpfer sehr zufrieden
auf die Welt.

Er hatte den Blumen die Farben gegeben
die schwirrenden Insekten dazu gesellt und
die Vögel übten sich in ihren Gesängen.
Schillernde Vielfalt bei allen Lebewesen,
blauer Himmel, flüsternde kühle Bäche und
blutrote Sonnenuntergänge.

Aber es fehlte ihm noch etwas.
Das ganz Besondere,
um es perfekt zu machen.

Und er schickte den letzten Schöpfungsblitz
zur Erde.

Danach betrachtete er wohlwollend
die blaue Erdenkugel.
Endlich.
Einzigartig.
Das Tüpfelchen auf dem „i"
in der Erdgeschichte.

Zufrieden blickte der Schöpfer
an deinem Geburtstag auf die Welt.

# Geburtstagslied

**1**

Ach wie schön, dass es dich gibt.
Von uns allen stets geliebt.
Zum Geburtstag singe ich ein Lied.

Ich singe von Zufriedenheit,
von Lebensfreud zu jeder Zeit.
Wir feiern heut mit Frohsinn Halleluja
Halleluja, Halleluja, Halleluja, Halleluuuuja

**2**

Das Leben war nicht immer leicht.
Trotzdem hast du viel erreicht.
Lange noch genieße das Leben.

Ich wünsche dir für immer Glück,
blicke vorwärts nie zurück.
Lasst uns heute fröhlich sein, Halleluja
Halleluja Halleluja Halleluja Halleluuuuja

3
Die Sonne scheint dir jeden Tag,
weil der liebe Gott dich mag.
Für dich soll's noch viele Tage geben .

Die Blumen blühen nur für dich.
Bleib gesund, sei nicht traurig.
Erhebt die Gläser, stimmt mit ein, Haaalleluja
Halleluja Halleluja Halleluja Halleluuuuja

## Der Jubilar

Der Jubilar, der Jubilar

Ich war schon mal früher da,
beim Jubilar.

Da war er 70 Jahr,
der Jubilar
jetzt ist er 80 Jahr,
der Jubilar.

Und in weiteren 10 Jahr
bin ich wieder da
beim Jubilar,
dann wird er 90ig gar.

Der Jubilar, der Jubilar.

# Geschichten die das Leben schreibt

Man kann sich die Abenteuer für die man gemacht ist, nicht immer aussuchen.

Mariana Leky

## Folterkammer

Die Luft ist stickig und heiß,
stoßweise atmen, kalter Schweiß.

Armbeuger,
Schmerzerzeuger.
Rückenstrecker, welch eine Qual.
Stöhnen, seufzen im ganzen Saal,
Beinpresse, reißt an der Wade.
Des Meisters Blick kennt keine Gnade.

Da, ein dunkler Ruf,
wie in der Nacht,
Hallo, hallo, Aufgewacht!
Komm zurück aus deinem Traum,
bist hier nur im Fitnessraum.

## Hurtig, hurtig

Im Kopf stapeln sich die Termine,
immer in Eile.
Zeit für Hektik,
keine für Weile.
Zeit für Dich,
keine für mich.
Zeit für Tun
keine zum Ruhn.

Bin spät dran.
Treppe runter,
Tür schlägt auf,
hab's noch weit.
Schneller! Lauf!
Weiter, weiter,
keine Zeit!

Renn die Strecke
durch den Park.
Biege um die Ecke.

Dann der Sturz mit Überschlag,
Schmerz mit Wut gepaart.

Rapple mich auf,
sortiere die Glieder,
finde mich
vor einer Parkbank wieder.

Auf der Bank, da sitzt er.
Beine lang gereckt,
die mich wohl hingestreckt.

Das Gesicht zur Sonne gewandt.
Zufrieden, genüsslich, völlig entspannt.
Blickt auf mich lächelnd herab.
Hab ihn nicht gekannt.

Da stellt er sich vor:
„Gestatten,
werde Müßiggang genannt."

## Der Schrank

Ich bau 'nen Schrank, das muss sein,
da gibt's nichts Passendes zu kaufen.
Die sind zu groß oder zu klein,
bin schon weit gelaufen.

Ein Schrank aus Holz, das kann ich gut.
Ich bin ein kleiner Schreiner.
In den Adern Bastlerblut,
wie ich, das kann sonst keiner.

Markiert, gemessen, abgesägt,
gebohrt, gehobelt, abgeschrägt.
Geht mir alles leicht von der Hand,
bin als Macher weit bekannt.

Gerichtet sind nun alle Teile,
Schraubzwing, Bretter und die Feile,
Kleber, Lack und Wasserwaage.
So gut klappt's nicht alle Tage.
Nur keine Eile, konzentrieren,
heiße Phase, das Montieren!

Leim auftragen, jetzt verbinden.
Es sieht gut aus! Lob wird mir winken.
Aufgespannt und festgezwingt,
alles im Winkel, ganz bestimmt,
Waage dran und Lot.

Welch ein Schreck!
Alles schief und alles schepp!

Rettung tut jetzt not.

Drücken, fügen, was mach ich bloß?
Passt nicht, sitzt nicht, was ist los?
Schieben, richten, noch ein Stück,
wieder lösen und zurück.
Zwingen klemmen, Leim verbindet,
muss es lösen, sich verwindet,
mit Hammerschlägen jetzt beheben.
Schlage hier, hämmre da, schlage auch daneben....

Welch ein Krachen, welch Radau!

Trümmer überall,
wohin ich schau!
Der Daumennagel blau.

Was ich seh' ist allerhand,
lehne schwitzend an die Wand,
es zittern meine Hände.
Da fällt mir ein, es ist bekannt,
IKEA hat auch schöne Schränke.

## Mord

Dunkel,
im ganzen Haus, dunkel.
Nur in der Küche brennt das Licht.

Die Küche,
das ist ihr Revier.
Am liebsten ist sie hier.

Er, im Flur im Dunkeln steht,
durch die Tür zur Küche späht,
das junge Leben fest im Blick.
Sie spürt es nicht! Blickt nicht zurück.

Munter summt sie vor sich hin.
Er hat das Böse nur im Sinn.

Geräuschlos wird die Tür bewegt
langsam sich die Hand erhebt,
kraftvoll er die Waffe führt.
Zu spät sie den Luftzug spürt.

Zeng, Klatsch, Wumm.
Vorbei!
Die Nacht bleibt stumm.

Er isst in Ruh sein Abendbrot.
Die Fliege ist tot.

## Das vier Gänge Menü

Was koch ich heut?
Halb drei, ihr Leut,
ist ja noch Zeit.

Ein köstliches Essen soll's schon sein,
mit Gängen und so und gutem Wein.

Was koch ich heut?
Ach, hab ja noch Zeit.

Als erstes eine Lauch Consomé,
von der roten Bete eine Cremé Brüleé,
Garnelen auf getrüffeltem
Schwarzwurzelpürree,
auf Madeirajus das Rinderfilet,
und zum guten Schluss,
ein Kressesoufflé mit Schuss.

Schon vier vorbei, ihr Leut,
muss ja noch kochen heut!
Ach, hab ja noch Zeit.

Lese grad 'nen Krimi aus der Region,
vom Faber, kennen Sie den schon?
Bröhmann heißt der Schimanski aus Hesse.
Da fällt mir grad ein, hab ich noch Kresse?

Gleich halb fünf, ihr Leut,
muss ja noch kochen heut!
Ach, hab ja noch Zeit.

Jetzt schnell noch zum Nachbar,
erzählen was ich koch,
was wollt' ich eben noch?
Ach ja, da fällt's mir wieder ein,
aus dem Keller, die Flasche Wein,

Fünf, halb sechs, ihr Leut,
muss ja noch kochen, heut.
Ach, hab ja noch Zeit.

Im Fernseher läuft 'ne Sendung,
vom Kochen ohne Verschwendung.
Der Lafer mit dem Mälzer diskutiert:
Aha, die Mandarine wird auch filetiert.

Da fällt's mir wieder ein,
kochen muss heut noch sein,
mein Schatz kommt bald von der Arbeit heim.

Ein Blick auf die Uhr,
schon sechs, ihr Leut,
wo ist sie nur hin, die Zeit?
Was, schon so spät?
Wie doch die Zeit vergeht.
Menü hin, Menü her,

das schaff ich jetzt nicht mehr.
Nun auf die Schnelle,
aus der Pfanne gibt's Frikadelle.

Da klingelt's an der Tür,
"Mein Schatz, ich bin schon früher hier!
Kochen kannst du heut' vergessen,
ich lad' dich ein, wir gehen Essen"

Wieder heile Welt.
Haben uns ein Menü
mit vier Gängen bestellt.
Halb acht, ihr Leut
und Euch noch eine schöne Zeit.

## Der Schrei

Herbst

Buntes Laub und Abendrot
Erntedank und Schmalzebrot.

Altweibersommer mit Engelshaar.
Das erste Mal wird's kalt im Jahr.

Nicht nur die Menschen zieht's ins Zimmer.
Vorbei der Sommer, nicht für immer.

Feierabendruhe macht sich breit.
Im Ofen knistert das letzte Scheit.

Und dann:
Ein Schrei zerreißt die Stille!
Siiegfriied...eine Spinne!

## Gute Reise

Ihr müsst
dringend mal
ein
bisschen
mehr
**WELT**
hineinlassen

Mariana Leky

## Der Radfahrer

Radfahren durch die Natur,
endlich wieder im Sattel.
Der Radweg zieht seine Spur.

Fühle mich frei und leicht,
klein und kleiner wird die Heimatstadt.

Plötzlich,
zischend die Luft entweicht.

Das Rad ist platt!

Bin geschickt,
Rad geflickt
und mit prallem Reifen
werd' ich den Berg angreifen.

Trete kraftvoll in's Pedal,
der Berg ist heute eine Qual.
Die Kraft nicht reicht,
keuchend die Atemluft entweicht.

Sinke vom Rad.

Der Radler ist platt!

# Reisen

Ach wie schön wär's doch,
könnte man verreisen.
Raus aus dem Alltagsloch.
Das Leben rockt,
ungeduldig die Ferne lockt.

Nun bin ich fort, auf großer Fahrt.
Rastlos, weiter, weiter.
Endlich in der Fremde sein.

Ach, wie schön wär's jetzt,
wieder daheim.

Ich weiß, ich weiß.
Kaum bin ich im Heimatort,
zieht's mich wieder fort.

## Gedankenblitz

Fahr so vor mich hin,
denke Gedanken ohne Sinn.

Träge fließt der Verkehr,
die Gedanken tun sich schwer.

Trete auf's Pedal, werde immer schneller,
die Gedanken werden heller.

Kurvenfahrt drückt mich in den Sitz,
zu spät warnt der Gedanke…

"Blitz"

Hab mich sofort wiedererkannt
auf dem Foto vom Amt.

# Gipfelbuch

Am höchsten Ort der Welt
direkt unter dem Himmelszelt
für jeden Bergsteigerbesuch
liegt das Gipfelbuch.

Berichtet mit zittrigem Wort
von Glückseligkeit an diesem Ort
vom Wagemut in steiler Wand
von Vertrauen zur sichernden Hand.

Von Seilschaften im Abendlicht,
von den Ängsten erzählt es nicht.

## Urlaub

Das braucht seine Zeit,
bis dass der Tag den Rhythmus lernt,
den neuen Takt der Muße.

Das braucht seine Zeit,
bis Alltagssorgen Ruhe geben,
die Seele frei beginnt zu schweben.

Das braucht seine Zeit,
bis dass der freie Blick dich lenkt,
der Tag dir Gleichmaß schenkt.

Jetzt ist die Zeit,
schmecke die Luft, spüre den Wind,
fühle dich wie ein seliges Kind.

## Horizonte

Erdrückende Stadt,
Häuserschluchten in breiter Front.
Man sucht vergeblich einen Horizont.

Und im Wald,
Baum an Baum,
erblickt man Horizonte kaum.

Erst im Gebirge man eine Ahnung bekommt
über Möglichkeiten eines Horizont.

Doch hier am Meer findet man in
Verschwendung
Horizonte in Vollendung.
Ins Unendliche fliegt der Blick,
nimmt die Gedanken mit
hinter den Horizont,
kommen als Träume zurück
und die Seele baumelt im Glück.

## Zugezogen

Hier leb ich jetzt, bin schon grau,
im Haus am Berg, in der Wetterau.

Gelb blendet mich der Raps,
Obstgärten rings um mich her,
zeternd zwitschert laut der Spatz,
woanders träumen geht nicht mehr.

Im Paradiese, ja genau,
im Haus am Berg, in der Wetterau.

Im Schachbrettmuster biegen sich sanft,
über Hügel bunte Felder,
der Vulkanexpress seines Weges stampft
und Nebel streift durch die Wälder.

Hier leb ich jetzt, die Luft ist rau,
im Haus am Berg, in der Wetterau.

Windräder kämpfen mit rauhem Wetter,
im weiten Blick das Auge ruht.
Rast macht man beim Zuckerbäcker,
kleines Glück, hier lebt sich's gut.

Hier leb ich jetzt, mit meiner Frau,
im Haus am Berg, in der Wetterau.

# Kindersegen

Drei Dinge sind uns aus dem Paradies geblieben: Sterne, Blumen & Kinder

Dante Alighieri

# Kleine Patschehand

Ach, du kleine Patschehand
mit winz'gen Fingern dran.
Händchen, allerliebst - wie Samt
wirst handeln irgendwann.

Kinderfaust, unschuldig und rein,
was wird deine Bestimmung sein?

Eine kraftvolle, starke Hand,
zum Schaffen, Bauen und Konzipieren?
Oder feingliedrig, zierlich und schlank,
zum Malen, Formen, Musizieren?
Zeigt sie im Leben steil nach oben,
zum Lenken und Dirigieren?

Streicheln sollst du, zärtlich sein.
Werfe nie den ersten Stein.
Gutes tun, bringe das Licht,
bösen Gedanken gehorche nicht.

Gefühlvoll und galant
will ich dich erleben.

Ach, du kleine Patschehand,
dafür hast du meinen Segen.

# Wenn ich groß bin....

Wenn ich mal groß bin,
dann kauf ich 'ne Leiter.
So eine Große, auf einem Wagen.
Da kommt man hoch und noch viel weiter
zum Kirschenklau in Nachbars Garten.


Wenn ich mal groß bin,
dann bau ich Maschinen.
Die laufen und rattern und werden ganz heiß,
die matschen und vermanschen
auch Apfelsinen,
werden ganz kalt und machen dann Eis.


Wenn ich mal groß bin,
dann liebe ich auch.
Will schmusen, knuddeln
und streicheln den Bauch.
Für jemanden Schatz sein, tu' ich kund.
Ach, ich wünsch mir so sehr einen Hund.

Wenn ich mal groß bin,
dann werde ich berühmt.
Werde mächtig und auch wichtig.
Einen Größeren wie mich,
fällt mir nicht ein.
Ja, will genau so berühmt,
wie Benjamin Blümchen sein.


Wenn ich mal groß bin,
dann werde ich König.
Was andere wollen,
interessiert mich dann wenig.
In meinem Reich wird Quatsch belohnt
und man in einem Baumhaus wohnt.
Vor allen Dingen, freu ich mich schon,
auf die Kron.

## Weil ich ein Mädchen bin

Und da trat das kleine Mädchen Emma Marie
in das Leben des Königs und der Königin.
Und es war wie aus Zucker, so süß.

Und das Zuckermädchen nahm des Königs
Zepter.
Und sie stupste damit den König an und sagte:
„Papa".

Von da an wusste er, dass es leichter sein wird
einen Drachen in der Luft zu halten,
als der tägliche Kampf für die Zukunft.
Aus Luftschlössern wurden Sandburgen.
Und er begann zu glauben.

Und das Zuckermädchen nahm abermals das
Zepter
und Sie berührte die Königin und sagte:
„Mama".

Von da an sorgte sie für satt und trocken,
für Trost und Freud
und las des Abends am Bett Geschichten vor,
die von sportlichen Prinzen mit guten
Manieren handelten.
Und sie begann zu hoffen.

Der König lächelte die Königin an, auch wenn
es nicht leicht werden wird, wollten Sie mit
niemanden auf der Welt tauschen.

Und Sie lebten glücklich und zufrieden,
meistens jedenfalls,

Wähle dir deinen Schluss der Geschichte

A
denn Sie wussten noch nichts von Schule, Pubertät und Co.

B
denn Sie lernten erst nach und nach die
Nasenpiercings und Tattoos ihres
Zuckermädchens zu akzeptieren.

C
denn auf der Hochzeit ihres Zuckermädchens,
mit dem erfolgreichen Jungmanager, hatten Sie
schon fast vergessen, dass er schon 3 Jahre
gesessen hat.

# Der kleine Prinz

Es war einmal eine Königin,
die gebar dem König
einen wunderschönen Sohn
und beide weinten vor Glück.
Und der König gab ein großes Fest
und alle tanzten um die Wiege
riefen: "Hoch lebe Jorik" und
sangen lustig Kinderlieder.

Da trat plötzlich eine schöne Fee aus ihren
Reihen an die Wiege und Sternenstaub
rieselte funkelnd auf des Prinzen Lächeln
und sie sprach:
„Du sollst ein strebsamer, erfolgreicher und
wohlerzogener Jüngling von stattlicher Figur,
zur Freude deiner Eltern, werden."

Und ein Flüstern der Bewunderung ging
durch den Saal:
„Ein Edelmann, stolzer Ritter,
ein Mann von Adel wird's werden."

Der König deutete mit stolzer Brust auf den
Knaben:
„MEIN Sohn" sprach er zur Königin.

Da, plötzlich flog die Tür auf.
Der Saal verdunkelte sich und
eine alte Hexe ging an die Wiege.
Mit ihren knochigen Fingern zeigte Sie auf
das erschrockene Kind und krächzte:
„Hex, hex, Blödsinn im Kopf, dick, frech und
faul, tote Frösche in der Hosentasche, hex,
hex, die Lehrer wirst zur Weißglut bringen und
die Mädchen an den Haaren ziehen, hex,
hex."

Und ein entsetztes Murmeln ging durch
den Raum:
„Ein Rotzlöffel, Flegel und Rabauke wird's
werden!"

Der König deutete mit finsterer Miene auf den
Knaben:
„DEIN Sohn" rief er zur Königin.

Abermals öffnete sich die Tür und im Raum
wurde es ehrfürchtig still, denn ein alter
weißer Mann mit langem grauem Bart und
heller Kutte schlurfte an die Wiege und sprach
mit fester Stimme:

„Ich kann den Fluch nicht rückgängig machen,
aber abmildern werde ich Ihn. Die bösen
Wünsche der alten Hexe sollen auf alle Buben
der Welt gleichmäßig verteilt werden
und alle sollen Spitzbuben und Lausejungen
sein"

Und ein erleichterndes Raunen ging durch die
Reihen.

Der König lächelte die Königin an und beide
wussten, dass es nicht leicht werden würde,
bis dass die Wünsche der guten Fee in
Erfüllung gehen und doch wollten sie mit
niemandem auf der Welt tauschen.
Und so lebten Sie glücklich und zufrieden bis
ins hohe Alter.

Wähle dir deinen Schluss der Geschichte

A
denn ihr Prinz wurde ein erfolgreicher
Startupper und ließ in die Burg der Eltern eine
Zentralheizung einbauen.

B
denn sie waren stolz auf den schönen Platz im
Altersheim den ihnen ihr Prinz ausgesucht
hatte.

C
denn der Prinz war schwul, heiratete seinen
Freund und wurde ein berühmter
Modedesigner.

## Zwillinge

Eins und noch eins das sind zwei.
Eins ist satt und eins will Brei,
eins schläft sanft
und eins hält Wache.
Man spürt es gleich,
ist abgemachte Sache.

Eins ist nass und eins ist trocken,
eins ist brav und eins will bocken.
Eins ist süß, das andere auch,
kamen ja schließlich aus'm selben Bauch.

Wir sind noch klein,
die Gaffer sind groß,
schneiden Grimassen,
was haben die bloß?
"Ja, wo sind denn, die Süßen?"
blubbern sie dann
und lächeln uns an.
Und da-da-da und du-du-du
mein Schnuckelchen, was süße Schuh!

Wir sind uns einig,
Papperlapapp.
Haben alle im Griff,
halten alle auf Trab.

# Der Froschkönig

Mund gespitzt, Frosch geküsst,
glitschig, glibberig, nass.
Puff, Knall, Funkenregen,
schöner Prinz, welch ein Segen.

Mädchentraum, Prinz anschauen,
fiebrig, zittrig, nackt.
Puff, Knall, Verzücken,
umschlingt das Mädchen ungestüm,
sinkt küssend auf den Rücken.

Mädchen selbst verwunschen ist,
glitschig, glibberig, Kuss.
Puff, Knall, Sternenlust,
auf des Jünglings Brust,
sitzt ein Frosch voll Frust.

## Mutter und Tochter

### Neulich

Sie mal wie du aussiehst!
Muss dein Rock immer so schmutzig sein?
So läufst du mir nicht rum!
Und höre mir auf, Fingernägel zu kauen!
Hast du die Hausaufgaben gemacht?
Es wird Zeit ins Bett zu gehen!
Dafür bist du doch schon zu groß.
Ja, morgen kaufen wir Diddl-Blöcke.

### Später

Sie mal wie du aussiehst!
Muss der Rock so kurz sein?
Was sollen bloß die Leute von dir denken?
Und hör mir auf dir die Fingernägel
so rot zu lackieren!
Denk dran, du musst Morgen wieder
früh raus!
Dafür bist du doch noch viel zu jung!
Nimmst du eigentlich die Pille?
Was hat der dir schon zu bieten?
Ja, im Gottes Namen,
ich gebe dir zum neuen Auto was dazu.

Viel Später

Ma, mit den kurzen grauen Haaren siehst du
richtig gut aus.
Sag mal, ist der Rock nicht etwas zu gewagt?
Ich mein ja nur so, für dein Alter!
Es gibt auch recht schöne Altersheime.
Hast du eigentlich eine Patientenverfügung?
Wenn du glaubst du brauchst so was
unbedingt,
dann kauf dir doch so'n Rollator-Ding!

# Natur

Wer Schmetterlinge
Cachen hört,
weiß wie
Wolken
schmecken

Carlo Karges

## Die Nase

In erster Linie ein Riechorgan,
hängt hintenan ein Leben dran.

Hat sie in fremde Liebe reingerochen,
wurde oft das Nasenbein gebrochen.

Riecht sie, wo andre Leute stinken,
halt ihn raus, den Zinken.

Und ist sie rot vom Saufen,
muss die Nase laufen.

Sagt die Blondine „ups"
ist's Näschen meistens Stups.

## Der Riese von Hartmannshain

Ich Ungetüm.
Wahrlich, ich bin kein Zwerg.

Dreh mich ganz ungestüm,
hier am Vogelsberg.

Oder gar, Wetterau?
Ich weiß es nicht genau.

Mit den Armen rudernd,
wild und beherzt,
bis mir die Nabe schmerzt.
Verscheucht ich Hex und Specht.
Ach, vom vielen Drehn,
ist mir schon ganz schlecht.

Dreh mich trotzdem, Tag und Nacht
und bei jeder Böe.

Surrend halte ich die Wacht,
hier, auf der Hartmannshainer Höhe.

# Kraut

Steh hier am Wegesrand
keiner nach mir schaut
bin einfach nur Kraut.

Werd' ich im Vorgarten erblickt
jeder Gärtner starr erschrickt
augenblicklich ganz beflissen
panikartig ausgerissen
zum Unkraut ernannt
auf ewig verbannt.

Endlich, endlich
mich ein liebevolles Gesicht anschaut
das habe ich so vermisst
doch man sieht wiederum nur das Kraut
und die Kuh mich frisst.

## Feldrandlage

Schöner Ort, in Feldrandlage,
mitten in der Natur.

Die Ruhe pur.

Langsam senkt sich die Sonne
dem Horizont entgegen.
Die Dämmerung verscheucht des Tages Lärm.
Diese Stille, welch ein Segen.
Lauer Wind, das hab' ich gern.

Doch da, wer ruft und stört die Ruhephase?

Gute Nacht, gut Naacht,
wünschen sich Fuchs und Hase.

## Wie drei Koi zu mir fanden....

Einst drei Koi in Japan lebten,
die in die Ferne strebten.
Sie hörten bunte Geschichten,
die von fernen Welten berichten,
großem Wasser, mit fremdem Getier.

Die drei Koi sahen sich um im Revier
und beschlossen,
wir bleiben nicht länger hier.

Sie schwammen auf Reise,
mit wenig Gepäck.
Hauptsache weg.

Sie verließen den Hafen von Tokio,
schwammen hinaus auf's offene Meer,
schwammen im Ozean, ganz froh,
die Vielfalt der Fische wunderte sie sehr.

Da waren Kraken, Quallen und gesprenkelt
Bunte,
und Kugelfisch, ganz Runde.
Und da der Hai, mit seinen Zähnen,
auch den Rochen muss man erwähnen.

Sie schwammen nach Indien und Afrika,
sie schwammen nach hier
und schwammen nach da,
sie schwammen zur Südsee,
mit ihren Korallen.

Auch in Island hat's ihnen gefallen,
besonders der Sturz aus luftiger Höh,
mit dem Wasserfall in die schäumende See.

Sie sprangen mit Walen und Delfinen,
schwammen in Schwärmen mit Sardinen.

Des Wanderns müde merkten sie bald,
in der Arktis war's Ihnen zu kalt,
zu gefährlich im tropischen Regenwald.


Wo nun bleiben, wo lässt sich's gut leben?
Hatten schon viel gesehen, ja genau.
So kamen sie zu mir, mal eben,
in meinen Teich, in die Wetterau.

# Sippentreffen

Das Reitpferd war als erstes da,
ein stolzer Hengst mit weiten Nüstern,
umjubelt von der Stutenschar-
auch andre Rösser schauten lüstern.

Das Nilpferd aus Ägypten kam,
sah schon die Pyramiden,
tanzte sich mit dem Schimmel lahm,
wäre gerne noch geblieben.

Das Zebra, müd wie immer,
stand mit Schlafanzug im Zimmer.
Am lautesten wiehert der Gaul,
fährt der Verwandtschaft über's Maul.

Im Eck allein auf einem Stuhl
sitzt der Wallach, war früher schwul.
Zur Mähre, die Verwandtschaft ruft:
Es geht ihr schlecht, hat Magersucht.

Die Seepferdgruppe macht Randale,
bestaunt wild die alten Zossen.
Für Ihre Schönheitsideale
hatten sie zu wenig Flossen.

Das Schlachtross wiehert als Chef:
„Tschüss und auf Wiedersehen
Bis zum nächsten Sippentreff,
wie jedes Jahr war's wieder schön."

# Jahresabschluss

Wenn ich einen
grünen Zweig
im
Herzen
trage,
wird sich der
Singvogel
darauf
niederlassen.

aus China

# Neujahr

Feiertage, Kerzenschein,
Ruhe kehrt ein.

Lehn dich zurück,
lasse ihn zu,
den Jahresrückblick.

Glücklich;
war ich's so richtig?
Erfolge;
sind sie mir noch wichtig?
Hab ich's gesagt,
wie lieb ich dich hab?
Und hab ich nach Anderen geschaut?
Hab ich deinen Worten vertraut?

Hatte ich mit der Gesundheit Glück?
Dankbar und Zufrieden
lehne ich mich zurück,
wünsche dir vom
glücklichen Leben
ein großes Stück.

## Jahresabschluss

Der Zug des Lebens hat das Jahr
fast durchfahren.
Immer schneller,
kommt's einem vor,
stampft er unter Volldampf durch die Zeit.


Wir haben oft gelacht und manchmal geweint.
Wir haben so manches geplant
und wieder verworfen.
Aber vieles ist uns gelungen.


Wir haben Worte der Liebe gefunden,
hoffentlich.

Unsere Hände haben gestreichelt
und getröstet,
hoffentlich.

Haben die Sonne in fernen Ländern gesehen,
sind netten, wertvollen Menschen begegnet,
und doch ist der Sonnenuntergang daheim
am schönsten.


Manchmal hat uns das Leben erschreckt,
manchmal der Rücken geschmerzt,
und dann im Glück, haben wir manchmal
nicht hingeschaut.


Für's nächste Jahr wünschen wir euch,
dass Körper und Seele nicht zu kurz kommen.

Zeitfracht Medien GmbH
Ferdinand-Jühlke-Straße 7
99095 Erfurt, Deutschland
produktsicherheit@kolibri360.de